AF262311

APPEL

AUX ÉLECTEURS DOUTEUX ET INDÉCIS.

EXTRAIT DU JOURNAL DU NORD.

PREMIER ARTICLE.
Du 19 Juin 1830.

Il serait superflu de stimuler le zèle des électeurs royalistes et religieux : la conduite qu'ils ont à tenir aux prochaines élections leur est tracée et par leur dévouement au Roi et par la voix de leur conscience : ils y seront fidèles. Ce serait aussi peine perdue que de chercher à dessiller les yeux à ceux des électeurs qui ont donné tête baissée dans le libéralisme et qui sont courbés sous le joug du *comité directeur* dont le génie infernal les poussera jusqu'aux dernières limites du désordre ; et s'il est encore parmi eux des cœurs honnêtes , des hommes qui ne suivent la funeste direction qu'on leur imprime qu'entraînés par un fatal aveuglement , ils n'ouvriront les yeux à la vérité que lorsque des cris de mort et de pillage , éclairés par les *feux de joie* du jacobinisme , viendront enfin déchirer l'épais bandeau qui les couvre. Puisse l'union des royalistes , puisse la fermeté du Monarque les préserver , malgré leurs déplorables illusions , des calamités qu'ils préparent à euxmêmes et à leurs familles !

Ainsi, il n'y a pour nous des conquêtes à faire que parmi les électeurs douteux ou indécis. C'est donc à eux que nos paroles doivent s'adresser.

Si nous comprenons bien la physionomie de la société actuelle, cette classe d'électeurs comprend trois nuances principales :

1.º Les électeurs indifférens ou apathiques par rapport à la religion et à la politique ;

2.º Les électeurs qui veulent à la vérité les Bourbons, mais qui, écartant des motifs de leur obéissance à l'autorité, à tout principe religieux, subordonnent leur amour de la monarchie aux libertés publiques, telles que la Charte les a garanties. Les électeurs de cette catégorie ne pourraient donc être amenés à voter avec les libéraux que parce qu'ils croiraient ces libertés compromises par la composition actuelle du ministère ;

3.º Enfin les électeurs religieux, imbus des principes du libéralisme, phénomène rare et inexplicable, il est vrai, mais dont on voit cependant des exemples.

Aux premiers de ces électeurs nous dirons : S'il est jamais une circonstance où il importe de surmonter votre indifférence et votre apathie, c'est bien celle où nous nous trouvons. En vain voudriez-vous rester en dehors du mouvement désordonné qui emporte la société, il vous entraînera malgré vous, si vous ne contribuez à l'arrêter. Vous aimez votre état de quiétude, vous ne voulez prendre aucune part à la lutte des partis, aux grands intérêts qui se débattent, de crainte de vous susciter des embarras, de vous faire des ennemis, de froisser certains rapports sociaux ; vous pensez que ce serait mettre à un trop grand prix votre préférence pour des principes qui vous sont également indifférens. Funeste erreur que la vôtre ! C'est précisément pour ne pas vous voir violemment arracher à votre tranquillité qu'il faut agir aujourd'hui ; c'est pour avoir des amis dans les circonstances difficiles qui peuvent naître de la lutte des passions et des principes, comme elles en sont déjà nées, qu'il faut sortir de votre neutralité, et vous ranger sous l'une des bannières qui sont en présence. Ne vous flattez pas qu'on vous tienne compte de votre inaction : le parti vainqueur vous repoussera parce que vous n'aurez pas voulu vous associer à son triomphe ; le parti vaincu vous méprisera parce que vous aurez été en partie cause de sa défaite. Et s'il faut agir, s'il faut épouser les intérêts d'un parti, la raison la plus commune ne vous engage-t-elle pas à vous déclarer pour celui qui est ami de l'ordre ? Pour celui où vous appercevez un plus grand nombre de bons pères de famille, d'hommes honnêtes, sages et paisibles, auxquels vous n'hésiteriez pas à confier vos intérêts les plus chers ? Regardez autour de vous ; jetez un coup-d'œil scrutateur sur les deux camps qui se préparent au combat électoral. Qu'y découvrez-vous ? N'y voyez-vous pas d'un côté rangés sur la même ligne et ceux qui ont trempé dans les horreurs de la révolution, assassiné votre Roi (1), vos pères, vos mères, vos proches, spolié votre patrimoine, incendié vos propriétés, foulé aux pieds tout principe, nous ne disons pas de morale, mais même d'honneur, violé tous les sermens ! Et ceux qui sous l'empire, insultaient aux plaintes que vous arrachait la perte de vos enfans, sacrifiés journellement aux caprices ambitieux d'un usurpateur ; qui se faisaient les instrumens serviles du despotisme odieux sous lequel la France a été courbé ! Et ceux que depuis la restauration une ambition déçue a fait déserter la cause royale ! Et tous les provocateurs de ces ovations aussi ridicules que propres à exaspérer les passions et à troubler la tranquillité publique ? Croyez-vous que ce soit en vous alliant à ce parti, ou plutôt à cette faction, que vous trouverez ou conserverez ce repos qui vous est si cher ? Détrompez-vous ! une faction composée de tels élémens ne saurait trahir sa nature, démentir son origine ; elle ne peut rien pour le bonheur de la France : elle ne peut

---

(1) Dans un appel que nous ferons prochainement aux électeurs de Roubaix, nous dirons que c'est sous le neveu d'un régicide que les électeurs libéraux s'y rallient.

que tout brouiller , tout détruire , tout bouleverser , comme elle en a déjà donné de si tristes preuves. Hâtez-vous donc de vous unir aux hommes qui sont purs des crimes de la révolution, qui aiment véritablement les libertés publiques , puisqu'ils les veulent avec les conditions sous lesquelles elles ont été octroyées, et sans lesquelles elles ne sauraient subsister, c'est-à-dire avec l'intégrité et l'inviolabilité des prérogatives royales.

DEUXIÈME ARTICLE.

Du 20 Juin.

Maintenant nous allons nous adresser à la seconde nuance des électeurs douteux ; elle est incontestablement la plus nombreuse ; elle se compose, comme nous l'avons dit , des électeurs dont le dévouement aux Bourbons, étranger à toute considération religieuse, n'a d'autre base que la garantie qu'ils trouvent pour les intérêts matériels dans la forme de gouvernement que la France tient de la dynastie régnante. Ce sont pour la plupart d'anciens royalistes que la défection du *Journal des Débats*, par son action soit directe, soit indirecte, a rendus, sinon indifférens , du moins ombrageux à l'égard de la cause royaliste. D'une part ennemis des excès de la révolution, ils reculeraient d'horreur s'ils s'appercevaient qu'on veut les y replonger ; d'autre part fortement prévenus contre les abus du pouvoir absolu dont on leur fait sans cesse un épouvantail, ils craignent de coopérer à toute mesure qu'on leur représente comme propre à ramener cet ordre de choses. Il suffit donc, pour rattacher définitivement ces électeurs à la cause royaliste , de leur faire voir que la révolution est imminente ; que l'union de tous les royalistes, quelque soit la racine de leurs opinions, est seule capable , secondée par la fermeté du Souverain , de détourner les dangers d'une nouvelle subversion politique ; qu'au contraire la crainte de voir la France privée de la portion des libertés publiques dont les Bourbons l'ont dotée , est chimérique , et que ces libertés ne pourraient être compromises que par une opposition systématique, mal entendue et poussée au-delà des limites de la Charte.

Pour leur démontrer la vérité de notre première proposition, nous leur dirons : Si vous doutez de l'imminence de la révolution, rappelez vos souvenirs , et si vous êtes trop jeunes pour avoir pu observer par vous-mêmes les symptômes qui ont précédé la révolution , consultez les souvenirs que vous ont laissés , soit vos lectures , soit les récits de vos parens , de vos proches. Ne vous montrent-ils pas la société travaillée par une impatience et un désir immodéré d'innovations ? Ne vous disent-ils pas que la religion était en butte aux attaques les plus violentes , les plus injustes et les plus odieuses ? que les apôtres de l'anarchie , tout en feignant quelquefois un respect hypocrite pour l'autorité souveraine , répandaient les doctrines les plus insidieuses , les plus subversives et les plus hostiles à cette autorité ? que les mensonges, les calomnies , l'altération des faits étaient leurs armes de prédilection ? Ne vous enseignent-ils pas ces souvenirs, que les élus de la nation , outre-passant audacieusement les limites de leur mandat , ne tardèrent pas à se mettre en révolte ouverte contre l'autorité royale ? qu'ils étaient les premiers à violer la constitution qu'ils avaient eux-mêmes élaborée et jurée, en forçant la conscience du Monarque dans le choix de ses conseillers et dans l'usage de son *veto* suspensif ? Que les chefs du parti révolutionnaire étaient partout l'objet d'ovations scandaleuses de la part du peuple en délire, et qu'au contraire le mépris , le dédain , les insultes , les outrages , les menaces et jusqu'aux voies de fait étaient exclusivement le partage des hommes courageux et consciencieux qui voulaient s'opposer à ce délire presque universel et au débordement des passions populaires ? Enfin qu'un grand nombre d'hommes honnêtes se laissèrent entraîner par les prestiges de félicité

sociale dont on les berçait, et qu'ils devinrent les malheu-
reuses victimes de leur déplorable crédulité ? Eh bien ! éloi-
gnez de vous le prisme des illusions , observez attentivement
la société actuelle, et demandez-vous , la main sur le cœur ,
si les mêmes symptômes ne s'y reproduisent pas avec une
intensité effrayante ! Consultez entr'autres les doctrines du
National , reproduites par l'*Echo du Nord* dans son numéro
du 14 et rabachées par lui-même dans celui du 17 ; celles des
Débats , etc. , sur les attributions et l'essence de la royauté
constitutionnelle , et vous ne pourrez plus douter qu'une
nouvelle révolution ne soit imminente , à moins que tous
les hommes de bien , que le pouvoir tutélaire de Charles X ,
ne s'empressent de la repousser avec une énergique promp-
titude.

Il ne nous sera pas plus difficile de vous prouver la vérité
de notre seconde proposition.

Oui , la crainte de voir enlever à la France , par le fait
volontaire des Bourbons , les libertés qu'ils lui ont octroyées,
est chimérique. Ce sont les sophismes et les insinuations hypo-
crites de la défection, de cette faction méprisable qui ne craint
pas de compromettre la tranquillité de la France pour satis-
faire sa soif inextinguible de domination , ce sont ses mensonges , qui seuls ont donné naissance à ces folles terreurs.
Quand donc les Bourbons ont-ils forfait à l'honneur , violé
leurs sermens ? Est-ce Louis XVI ? N'a-t-il pas mieux aimé
devenir la victime de ses ennemis que de retracter les pro-
messes qu'il avait faites? Est-ce Louis XVIII ? N'aurait-il
pas été en droit de le faire en 1815 , après que ses ennemis ,
ceux-là mêmes qui voudraient aujourd'hui vous entraîner dans
leur révolte et leur parjure , eurent si impudemment foulé
aux pieds et cette Charte qu'il leur a donnée et le serment
qu'ils lui avaient prêté ? S'il avait voulu retirer à la France
les libertés qu'il lui avait concédées , ne l'aurait-il pas fait
lors de l'assassinat du duc de Berri , fruit de la licence de la

presse ? Ne l'aurait-il pas fait après la guerre d'Espagne , où l'enthousiasme était à son comble , et où l'armée avait donné des garanties si peu équivoques de sa fidélité ? Est-ce Charles X? Si ce Monarque , si digne de l'affection des Français, dont le courage ne le cède qu'à l'amour qui l'anime pour son peuple , n'avait pas voulu de la Charte , l'aurait-il jurée à son avénement au trône ? qui aurait pu l'empêcher alors de reprendre toute cette partie de l'autorité qu'il a jugé nécessaire d'aliéner dans l'intérêt de ses peuples ? Si Charles X , nourissait dans son cœur le projet de répudier la Charte , pourquoi donc aurait - il souffert depuis si long - tems les insultes grossières qu'on ne craint par de lui adresser directement ? Ne l'aurait-il pas fait au moment, où une Chambre, ou plutôt une majorité factieuse, au mépris de son serment de fidélité au Roi et à la Charte , a si ouvertement violé ce serment , si audacieusement attaqué cette Charte , en voulant, par une adresse à-la-fois hypocrite et insolente , usurper les prérogatives royales , sans lesquelles la royauté ne saurait subsister ? Or , Charles X n'a rien fait de contraire à la Charte, alors même que des motifs suffissans pouvaient justifier cette mesure ; donc il ne le fera pas. Quel ombrage peut donc vous donner un ministère librement choisi pour un Souverain , modèle de l'honneur , comme de toutes les vertus ? Certes, nous n'avons pas à défendre le ministère, qui se défend assez par ses honorables antécédens, que les organes impurs du libéralisme peuvent bien calomnier , mais non flétrir. Mais quand même ce ministère aurait des vues hostiles à vos libertés , ce que nous nions positivement , ignorez-vous donc, que ce n'est pas le ministère, mais le Roi qui gouverne ? Au reste, quel intérêt ce bon Roi aurait-il , non à abroger la Charte, ce qui serait impossible dans l'état actuel de la société , mais à la suspendre temporairement ou à la modifier, à moins que l'opposition ennemie de son trône et de son peuple ne lui en fît un devoir de conscience , un devoir de haute politique ? L'ancien régime ne saurait renaître de ses ruines ; les élémens en ont été dispersés par la révolution , et on n'improvise pas le gouvernement d'un grand empire: ce sont donc de pures chimères dont on vous épouvante.

Mais si vous pouvez être rassurés à cet égard de la part du Roi et des royalistes , vous n'avez aucune de ces graranties de la part de la faction qui voudraient vous faire partager ses coupables erreurs ; elle ne veut de la Charte que ce qu'elle renferme de principes démocratiques ; et elle n'en veut encore que temporairement et comme d'un moyen ; elle en veut, non en faveur du peuple , dont elle se moque au fond , mais en faveur de son ambition pour laquelle elle y voit le succès. Impatiente du joug des Bourbons qu'elle abhorre a raison même des garanties qu'ils présentent en faveur de la liberté véritable , elle n'hésiterait pas un moment , si elle parvenait au pouvoir , à accabler de son ancien despotisme les dupes qui auraient aidé à son élévation. Donc si la faction triomphe , plus de Charte , plus de libertés publiques. L'expérience du passé est ici garant de l'avenir.

Mais ce ne sont pas là les seuls motifs qui doivent vous porter à faire cause commune avec les royalistes. Vous voulez la Charte! Eh bien! il faut aider le Roi à pouvoir la conserver. vous le pouvez en contribuant à lui envoyer une bonne Chambre aussi jalouse des prérogatives du Roi que des droits du peuple. Si la nouvelle Chambre était animée du même esprit que celle qui vient d'être dissoute pour avoir affligé le cœur du père de la patrie , offensé sa dignité royale , force serait à S. M. de faire seul le bien qu'il médite pour le bonheur de la France. Il ne peut céder, et il ne cédera pas aux exigences de la faction ennemie de son trône; il en a donné sa parole royale, et la parole d'un Bourbon est sacrée. Nous n'avons plus qu'à ajouter : Réfléchissez et choisissez !

TROISIÈME ET DERNIER ARTICLE.

Du 21 Juin.

C'est un phénomène rare et inexplicable, avons-nous dit, que de voir des hommes qui font publiquement profession de la religion catholique, faire cause commune avec le libéralisme. On en voit cependant. Pour nous, nous avouons que nous avons souvent réfléchi à cette étrange anomalie sans avoir jamais pu y trouver une solution plausible. Nous ne pouvons l'attribuer aux vues bornées de ceux qui nous offrent ce phénomène singulier, puisqu'on nous assure qu'il y a parmi eux des hommes qui ne manquent pas de lumières. Il ne nous est pas permis non plus d'admettre qu'ils n'affichent des principes religieux que pour mieux entraîner les simples dans leur parti : cette supposition injurieuse pour leur cœur et pour leur caractère nous est interdite par la charité, qui ne tolère l'imputation d'une hypocrisie aussi noire et aussi criante que sur une pleine certitude et une entière conviction. De quel point de vue partir donc dans la solution d'une question si délicate? Car enfin il y a autant d'incompatibilité entre le catholicisme et le libéralisme qu'il y en a entre l'eau et le feu. Ce sont deux principes tellement inconciliables que le triomphe de l'un doit nécessairement entraîner l'anéantissement de l'autre : vérité si évidente qu'elle n'échappe pas même aux plus vulgaires d'entre les libéraux radicaux, qui sont très-persuadés que leurs dangereuses folies ne sauraient se réaliser qu'aux dépens, que disons-nous, que sur les ruines de la religion catholique! Ce n'est pas le libéralisme qui a conquis le féodal Montlosier. C'est sa haine pour les prêtres, et par conséquent pour la religion catholique, qui l'a poussé dans le camp de ceux qu'il avait si long-tems combattus.

Tout ce que nous pouvons donc admettre de moins dur pour les hommes en question et en même tems de moins répugnant à la saine raison, c'est de croire que leurs facultés intellectuelles se sont plus exercées sur les choses matérielles que sur les questions religieuses , et qu'avec un esprit cultivé ils ignorent jusqu'aux principes fondamentaux d'une religion *qui est un besoin de leur cœur , mais qui ne captive et ne dirige pas leur raison.* Si cette supposition est vraie , la seule qu'il soit possible d'admettre , sans faire injure à leur honneur et à leur bonne foi , nous ne désespérons pas de les ramener sous les bannières du vrai royalisme. Essayons.

Vous prétendez , leur dirons-nous , pouvoir concilier vos sentimens religieux avec votre adhésion aux principes du libéralisme , votre attachement à la religion catholique avec votre coopération au triomphe d'une œuvre qui lui est diamétralement opposée ! Ne voyez-vous donc pas la contradiction formelle qu'il y a entre ces deux idées ? Ne saute-t-elle pas aux yeux ? Le principe le plus fécond et le plus salutaire de la religion catholique, c'est l'humilité, l'abnégation de soi-même ; le principe vital et moteur du libéralisme, c'est l'orgueil, le culte du *moi.* Celle-là fait de l'obéissance à l'autorité légitime , en tout ce qui n'est pas contraire à la loi de Dieu , un devoir exprès et inviolable à ses membres ; l'essence de celui-ci , c'est de secouer , de mépriser toute autorité, soit divine, soit humaine. Celle-là ne vit que de vérité , puisqu'elle tire son origine de Dieu même , la vérité par excellence ; celui-ci ne vit que de mensonges et de calomnies. Celle-là protège l'honneur et les propriétés de chacun , elle abhorre et condamne toute injustice ; celui-ci n'épargne rien pour flétrir les réputations les plus intactes : le scandale , voilà son élément ! il ne connaît aucune règle de justice , il applaudit hautement aux spoliations de la révolution : le droit du plus fort, voilà son code d'équité ! La religion catholique est amie de l'ordre ; le libéralisme ne se complait que dans le désordre. Celle-là demande la répression des passions ; celui-ci fomente et déchaîne les passions les plus tumultueuses et les plus féroces. Celle-là ordonne de pardonner aux ennemis , de faire du bien à ceux qui nous persécutent ; celui-ci fait tomber indifféremment sous son poignard assassin et amis et ennemis quand son intérêt le demande, ou que son caprice le veut. (Ne murmurez pas de cette assertion , nous la prouverons). Pour être catholique il faut écouter l'Eglise. Or, voyez comme les libéraux la respectent ! Ses lois les plus saintes et les plus sages sont pour eux des sujets d'indécentes plaisanteries, d'amers sarcasmes, de dédains révoltans ; ses mystères les plus augustes, l'objet de leurs blasphèmes les plus horribles ; son autorité, le but constant de leurs attaques les plus violentes , de leurs insinuations les plus perfides , la matière de leurs sophismes les plus astucieux.

Comment donc vous flatteriez-vous de pouvoir rester à-la-fois fidèles à votre religion et dévoués aux intérêts du libéralisme ? Ignorez-vous qu'il est impossible de servir en même-tems deux maîtres ? Contesteriez-vous , pour rassurer votre conscience , la vérité du parallèle que nous venons d'établir entre ces deux doctrines ? Mais à moins de méconnaître entièrement l'esprit de votre religion , vous ne pouvez nier que les principes que nous en avons cités, ne forment la base de sa morale. Si vous les désavouez, ces principes ; si vous refusez d'y soumettre votre raison , vous n'êtes catholiques que de nom , et vous ne faites pas partie intégrante du corps de l'Eglise. Ou nous accuseriez-vous peut-être d'exagération dans l'appréciation que nous avons faites des doctrines ou plutôt des erreurs du libéralisme ? mais les nombreux ouvrages qui paraissent chaque jour sous ses auspices , ses brochures, ses journaux, les procès qui lui sont intentés , les plaidoyers de ses avocats , les discours parlementaires de ses mandataires de prédilection , tout concourt à nous disculper du reproche d'exagération. Si vous ignorez tout cela , ne croyez pas y trouver l'excuse de vos illusions : elles sont volontaires : les moyens de vous éclairer , si vous êtes de bonne foi , ne vous manquent pas. Si les apôtres des fausses doc-

trines cherchent journellement à obscurcir les questions les
plus simples , les notions les plus évidentes , les écrivains dévoués aux saines doctrines s'empressent partout de venger la
vérité méconnue et outragée.

Diriez-vous peut-être pour votre justification : en nous
unissant au parti libéral , nous n'approuvons pas les principes
pervers qui peuvent être déposés dans son sein ; nous ne
faisons cause commune avec lui que pour nous opposer au
retour des anciens abus. Nous sommes catholiques , et nous
le resterons , même aux dépens de notre vie ; mais nous ne
voulons ni des jésuites , ni de la congrégation , ni des missionnaires : ce sont la des choses étrangères à la religion.
Excuses aussi erronées que futiles et frivoles ! vous avez beau
protester contre les principes pervers du libéralisme ; si vous
contribuez à leur triomphe , vous vous chargez de toute la
responsabilité morale qu'ils entraînent, vous assumez sur vous
toutes les séductions qu'ils opèrent , en un mot vous vous
rendez complices de tous les maux qu'ils produisent.

Quoi ! vous votez avec les libéraux pour empêcher le retour des anciens abus ! Mais d'abord ce retour est impossible,
nous l'avons déjà dit ; ensuite les abus sont inséparables des
choses humaines : puis le libéralisme est-il exempt d'abus !
Comment ! l'assemblage ou plutôt la quintescence de toutes
les erreurs préviendrait les abus ! Quelle déraison et quelle
folie !

Quoi ! vous voulez rester catholiques même au prix de votre
vie , et vous lancez l'anathême contre les jésuites , contre les
congrégations pieuses , contre les missionnaires ! Mais de
quelle autorité êtes-vous revêtus pour prononcer ces exclusions?
Sans doute, nous ne vous soutiendrons pas que pour être catholiques , il est nécessaire que vous soyez agrégés à une congrégation , et que vous regardiez l'institution des jésuites et
des missionnaires comme *absolument indispensable* à la re-

ligion catholique ; mais nous ne craignons pas d'affirmer que si vous condamnez et repoussez ces institutions, que l'église approuve, recommande et protège hautement, vous vous mettez en opposition formelle avec cette église, à laquelle vous devez une soumission entière , sous peine d'être atteints de cet anathême du sauveur : *que celui qui n'écoute pas l'Eglise, vous soit comme un publicain et un payen !*

Il est donc constant que vous ne pouvez rester unis au parti libéral sans trahir votre religion ; vous ne pouvez donc donner votre suffrage aux hommes portés par cette faction , sans commettre une action qui ressemble à une apostasie. Mais si ceci est une conséquence rigoureuse des principes que nous avons établis, il n'est pas moins certain que vous ne pouvez honorer de votre vote les 221 , sans fouler aux pieds les devoirs d'un homme d'honneur , d'un bon citoyen. Le serment a été toujours sacré chez toutes les nations; le parjure a été regardé toujours comme une marque de déshonneur et d'infamie. Or, il est manifeste que les Députés qui ont voté une adresse factieuse et attentatoire aux prérogatives du Souverain , garanties par la Charte, ont par là même violé le serment de fidélité qu'ils avaient prêté à ce souverain et à cette Charte ; ils se sont donc parjurés ; ainsi leur donner votre suffrage , c'est participer à leur parjure, c'est l'approuver ; c'est faire l'action d'un mauvais citoyen

Qui habet aures audiendi , audiat !

LILLE.—Imp. de REBOUX-LEROY.—1830.

www.ingramcontent.com/pod-product-compliance
Lightning Source LLC
Chambersburg PA
CBHW061229090726
47597CB00015B/4231